AF242586

Le Monténégro

Son Passé et son Avenir

PAR

Andriya RADOVITCH

Président du Comité Monténégrin pour l'Union Nationale
Ancien Président du Conseil du Monténégro
Ancien Ministre des Affaires Etrangères.

BLOUD et GAY, Editeurs

PARIS - BARCELONE

Le Monténégro
Son Passé et son Avenir

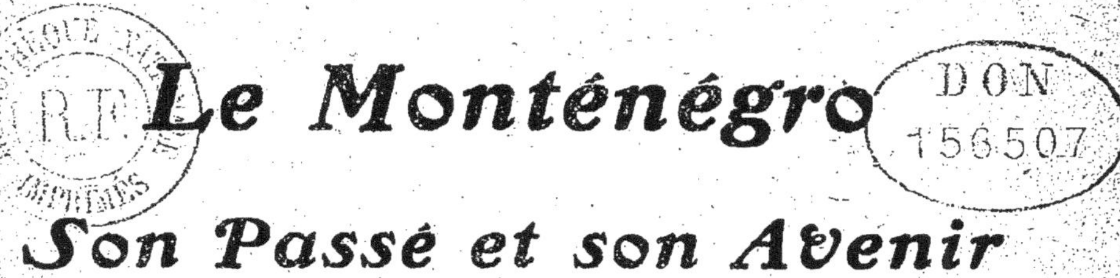

PAR

Andriya RADOVITCH

Président du Comité Monténégrin pour l'Union Nationale
Ancien Président du Conseil du Monténégro
Ancien Ministre des Affaires Etrangères.

BLOUD & GAY
ÉDITEURS

PARIS   BARCELONE
3, Rue Garancière   Calle del Bruch, 35

1918

AVANT-PROPOS

Notre but, en publiant ces lignes, est de faire connaître les aspirations et les difficultés d'une partie de la nation serbe. Dans l'Europe occidentale, on parle souvent des Serbes de Serbie et de ceux du Monténégro comme s'il s'agissait de deux nationalités différentes ; on entend dire, par exemple : les Serbes et les Monténégrins. Or, c'est comme si l'on disait : les Français et les Tourangeaux, ou les Italiens et les Napolitains. Ces erreurs facilitent l'œuvre de certains milieux qui, pour des raisons politiques ou dynastiques, cherchent à affaiblir le futur État yougoslave. Ainsi, on affirme à tort que les Monténégrins ont un idéal national particulier, différent de celui des Serbes de Serbie et autres. Et il y en a qui trouvent étrange que les hommes d'État et les sujets du Monténégro puissent demander, pour leur patrie, la suppression de l'individualité au profit de l'union. Cependant, ceux-là ne s'étonnent nullement de ne plus voir en Italie les anciens États de Sardaigne, de Naples, de Sicile et autres.

Chaque peuple a ses buts de guerre, lesquels, pour le Monténégro, habité par une race essentiellement serbe, sont identiques à ceux de la nation serbe ou yougoslave en général. L'épopée nationale, les œuvres de Pierre II et même celles du roi Nicolas, en sont des preuves. La question de l'union est depuis longtemps résolue dans la conscience du peuple ; seule, la Cour, avec quelques acolytes, pour des raisons d'ordre personnel, est d'un avis différent et demande que, même après cette guerre, le Monténégro soit séparé.

Or, le rétablissement du Monténégro donnerait lieu à des luttes intérieures dont nos ennemis et particulièrement l'Autriche-Hongrie ne manqueraient pas de se servir pour leurs desseins. L'Autriche-Hongrie a toujours été l'ennemie déclarée de notre union; elle aurait pu déclarer la guerre aux deux États serbes s'ils avaient procédé à la réalisation de cette union à la suite de la guerre de 1912, alors que leurs frontières se touchaient et que tous les patriotes réclamaient la formation d'un seul État. Laisser la question de l'union dans son état actuel, ce serait fournir à l'Autriche une nouvelle occasion de profiter des rivalités dynastiques pour s'immiscer dans les affaires balkaniques au détriment de la paix. Le président Wilson, prévoyant les conséquences d'un tel état de choses, déclare :

« Chacun de ces problèmes affecte le monde entier, car, à moins qu'on ne le traite dans un esprit de justice non égoïste et sans prévention, en ayant en vue les désirs, les rapports naturels, les aspirations de race, la sûreté et la paix de l'âme des peuples intéressés, on n'arrivera à aucune paix permanente. »

« Il est certain », comme dit le président, d'autre part, dans son message (février 1918) », que toutes les aspirations nationales bien définies devront recevoir la satisfaction la plus complète qui puisse être accordée sans introduire de nouveaux ou perpétuer d'anciens éléments de discorde ou d'antagonisme susceptibles, avec le temps, de rompre la paix de l'Europe et par conséquent du monde. »

Ces paroles démontrent clairement qu'on aurait tort de considérer la question de l'union du Monténégro avec la Serbie comme une simple question d'ordre intérieur serbe. Celle-ci relève pourtant du congrès de la paix, non seulement parce qu'elle se rattache à la question de l'union des Yougoslaves, dont l'État futur doit être déterminé et garanti par les puissances; mais même s'il ne s'agissait que du simple rétablissement de la Serbie et du Monténégro — ce que nous ne pouvons pas admettre, car une telle solution équivaudrait à la victoire de l'ennemi — les puissances amies sont tenues, dans l'intérêt de la justice et de la paix future, de faciliter l'exécution d'un tel projet. Les principes au nom desquels elles combattent leur donnent l'autorité et même le devoir de secourir les peuples opprimés et même ceux qui, étant indépendants, sont victimes des ambitions personnelles, en leur fournissant les moyens de statuer librement sur leur sort.

Ce n'est pas pour lui donner la faculté de se prononcer librement au sujet de l'union que les partisans du séparatisme voudraient consulter le peuple après le retour au pays, mais dans l'espoir de pouvoir, une fois rétablis dans leur autorité, présenter la volonté du peuple sous un faux jour.

C'est à tort qu'on continue à traiter certains chefs d'États balkaniques comme s'ils étaient constitutionnels autant que le souverain de la Grande-Bretagne; on oublie que l'immunité constitutionnelle n'est basée que sur le respect de la volonté souveraine du peuple. Celui qui agit en autocrate ne peut être couvert de l'immunité constitutionnelle : l'exemple tout récent de la Grèce est, à ce point de vue, instructif.

Il n'est nullement question d'une annexion du Monténégro de la part de la Serbie ou de n'importe quel pays, mais d'une union des frères de même race, à l'exemple de celle qui s'est produite en Italie. Il s'agit encore moins d'impérialisme. Si, il y a cinquante ans, le Monténégro avait pu conclure un traité en vue de son union avec la

Serbie, pourquoi ne pourrait-il pas le faire actuellement?
Le roi Nicolas avait promis à cette époque, d'abdiquer
en faveur du prince Michel Obrénovitch. C'était un acte
que l'élan patriotique de l'époque rendait nécessaire : l'ère
du droit des peuples de disposer librement de leur sort
réclame plus impérieusement aujourd'hui cette union.

Il serait difficile à n'importe quel pays yougoslave de
satisfaire à lui tout seul aux nécessités de la vie moderne,
et le Monténégro serait encore plus embarrassé que tout
autre, serait-il même doté de l'agrandissement que les partisans du séparatisme voudraient lui donner.

Aucune partie de la nation ne demande l'union avec
plus d'ardeur que le Monténégro actuel, qui en recevrait
les plus grands avantages. L'exemple du Monténégro
montre d'une manière probante que le morcellement des
peuples, même sous forme d'États indépendants, ne veut
pas dire : la liberté !

Paris, février 1918.

LE MONTÉNÉGRO

SON PASSÉ ET SON AVENIR

Dans l'histoire des petits Etats européens, peu de pays, peut-être, ont suscité, depuis longtemps, autant d'intérêt, ni attiré, à travers les siècles, autant l'attention que le Monténégro. Même à l'époque où l'Europe était sans moyens rapides de communication, sans presse et sans rapports réguliers, les cours lointaines dirigèrent maintes fois leurs regards sympathiques vers l'étrange petit pays qui repoussa avec succès les hordes musulmanes, ces mêmes hordes qui, d'autre part, purent arriver jusqu'à Vienne, pénétrèrent au cœur de la Pologne et de la Russie et atteignirent jusqu'aux côtes françaises. Les pays plus éloignés que menaçaient également les flots de l'invasion turque, ainsi que les souverains chrétiens, se demandaient avec admiration devant cette poignée de montagnards quelle était leur force merveilleuse et la puissance qui soutenait leurs âmes, les empêchant de défaillir dans des luttes séculaires.

Le pays des exploits héroïques

Cependant des aventuriers audacieux, dont les exploits nous paraissent aujourd'hui incroyables, essayèrent de mettre à profit ces brillantes qualités de la population monténégrine, ainsi que leurs vives aspirations vers le rétablissement de l'empire serbe qui mettrait fin à la domination turque en Europe et unirait tous les peuples balkaniques.

L'un de ces aventuriers, au commencement du

xviie siècle, Yaîo — fils du sultan Mahomet III et de l'esclave Hélène qu'on croyait être de la famille des Comnènes — ayant vainement imploré le secours des cours européennes en vue d'une guerre contre les Turcs, réussit à gagner la confiance des Monténégrins, et à raviver leurs aspirations nationales ; il put même, en s'attribuant le titre de comte du Monténégro, réunir une armée de 17.000 Serbes du Monténégro, de l'Herzégovine, de l'Albanie et des autres pays serbes. Malheureusement, cette force armée n'était pas de taille à soutenir la lutte contre l'armée du pacha de Scutari. Quelque temps après, en 1624, Yaîo, portant encore le titre de comte, apparaît en Russie, où, prêchant la guerre sainte contre l'Islam, il se met à la tête des Cosaques du Don. Ceux-ci, au nombre de 80.000, descendent sur 680 galères le Dniéper, sous ses ordres, et pénètrent dans la Mer Noire, remportant victoire sur victoire. L'importante place de Trébizonde tombe au pouvoir de Yaîo ; Kiaffa et Sinope font également leur soumission. Enthousiasmés, les Cosaques du Don proclament Yaîo empereur de Byzance. Il semblait que le jour approchait où la croix resplendirait de nouveau sur la coupole d'Aîa Sofia.

Mais tous ces plans furent bouleversés par un simple effet du hasard. Une tempête surprend les galères des cosaques, les disperse et les rejette loin des défenses de Constantinople, sauvant ainsi le sultan de la défaite. Traversant toute la Russie, il est reçu partout avec les honneurs dus à l'hôte de l'empereur Michel, mais ne trouvant pas le moyen d'organiser une nouvelle campagne contre l'ennemi commun, le comte du Monténégro s'embarque à Arkhangel, à destination de l'Europe, avec la même mélancolie que durent ressentir récemment les soldats alliés en quittant le grand port russe. Abandonné également par les cours européennes, qui ne pensaient pas que l'heure eût sonné de refouler les flots de l'invasion turque, Yaio reprend le chemin du Monténégro pour rejoindre ceux qui n'avaient pas perdu l'espoir du salut; il essaie encore à deux reprises de porter un coup à l'empire ottoman en rassemblant des guerriers à Ochrida, à Durazzo et à Antivari. C'est au milieu de ces circonstances qu'il mourut dans cette dernière ville.

Si Yaio a pu, sous le titre de comte du Monténégro, rallier à sa cause une armée considérable en Russie, un autre aventurier d'origine beaucoup plus modeste — un paysan serbe de la Dalmatie septentrionale — parvient, en se faisant passer pour l'empereur russe Pierre II, assassiné quelques années auparavant, à unir autour de lui toutes les tribus du Monténégro et à s'emparer du pouvoir : il s'appuyait sur la solidarité slave et chrétienne, sur l'amour de la liberté de ce peuple montagnard, de même que sur les idées fermes de revanche contre les Turcs et de rétablissement de l'Etat national. Un siècle et demi sépare ces deux étranges aventures, et pourtant le sentiment national est resté aussi vivace que naguère. Rien n'a pu l'étouffer, ni les épreuves terribles, ni les désastres. Si ces tribus, conduites par une pensée unique, étaient capables de sacrifier leur vie en suivant de simples aventuriers, il est facile de deviner avec quel esprit de sacrifice elles combattaient sous les ordres de leurs chefs indigènes.

S'érigeant en symbole de la pensée nationale, s'incarnant pour ainsi dire dans le mouvement pour la délivrance et l'union de notre nation, le Monténégro s'est toujours adressé au monde civilisé en s'appliquant à ce que ses vœux légitimes fussent entendus et sa lutte comprise. Aujourd'hui il a besoin plus que jamais de faire entendre sa voix, de bien faire comprendre le vrai sens de ses efforts séculaires. Aussi est-il nécessaire de montrer de façon évidente où tendent ses aspirations et en quoi consiste la récompense due à ses sacrifices.

Le Monténégro, refuge de la nation serbe

La situation même du Monténégro en tant que pays explique aussi bien son rôle historique que sa vie intérieure; elle démontre en même temps de quel côté se trouve son avenir. Etant, dans la direction sud-ouest, la partie la plus avancée de tous les pays yougo-slaves du littoral adriatique, le pays serbe du Monténégro est une région élevée, d'un abord très difficile, et séparée, de force, d'un côté, de son port naturel les Bouches-de-Cattaro et de l'autre côté, de son grenier propre, la plaine de Scutari. Par cela même il est réduit à la vie indigente des régions montagneuses pauvres. Se trouvant loin des voies de communication importantes, et, à cause de la nature de son terrain, à peu près inabordable, le Monténégro resta, pendant des siècles, privé pour ainsi dire de tout rapport avec le monde extérieur. C'est ce qui explique comment les qualités de la race serbe ont pu s'y conserver et se développer, et de quelle manière les tribus belliqueuses monténégrines, à travers les siècles les plus difficiles de l'histoire serbe, ont pu garder une certaine individualité, en attendant le jour où la liberté redeviendrait l'apanage de toute la nation.

Car le Monténégro n'est pas une conception ethnographique, et sa population n'est qu'une partie du peuple serbe. Les Serbes du Monténégro ne sont pas, à ceux de la Serbie, de la Bosnie et de l'Herzégovine, de l'Autriche et de la Macédoine, ce que les habitants de la Grande-Bretagne sont aux Irlandais et aux Ecossais; grâce à leur langage identique, les Serbes de tous ces pays s'entendent aussi plus facilement que les habitants des différentes régions de l'Italie, plus aisément même que les Français du nord de la France avec ceux du midi. L'organisation des tribus serbes sur le territoire du Monténégro n'était pas due à des raisons d'ordre ethnographique ou économique, mais à des causes d'ordre politique. Vu la pauvreté de son sol, le Monténégro n'était pas à même d'attirer la population de ses régions, et les tribus serbes ayant habité les plaines n'y ont point cherché un refuge pour se livrer à un travail paisible et en vue de leur prospérité. Ce n'est qu'au moment de la chute du grand état serbe que les régions montagneuses, appelées plus tard Monténégro, attirèrent l'attention du peuple serbe et devinrent, bien qu'éloignées des grandes voies de communication, le centre de la vie nationale.

L'étranger qui ne visite que Cettigné et redescend ensuite à Cattaro — peu nombreux sont ceux qui ont dépassé cette ligne — ne peut se faire une idée adéquate sur le Monténégro. Il ne voit, sur son passage, que le district de Katouni, et la mer agitée dont les flots ont formé, à cet endroit, des falaises de roches sauvages; le regard de l'étranger n'aperçoit pas le Monténégro aux monts abrupts et disloqués qui atteignent les hauteurs alpestres, et séparés par des crevasses et ravins innombrables où ces tribus monténégrines, bien que sur une superficie de peu d'étendue, vivent dans des conditions absolument différentes.

La configuration générale du pays

La rivière Zéta et le défilé de Douga partagent le pays, tant au point de vue de la nature du sol que climatologique, en deux parties distinctes : la partie rocheuse, pauvre et moins élevée, dite l'ancien Monténégro, à l'ouest, et la partie boisée et plus riche nommée Brda (les Montagnes), à l'est. Les souverains de ce pays portaient, en raison de cette division, le titre de prince du Monténégro et des Montagnes (Crne Gore i Brda). Bien qu'elles soient, en majeure partie, plus élevées que la partie occidentale du pays, les Montagnes sont, par la nature du sol, plus riches que l'ancien Monténégro, dont le terrain est composé de couches crayeuses qui, en absorbant complètement l'eau de la surface, empêchent la formation des sources et des rivières. Peuplées autrefois de nombreuses forêts qui furent ensuite déboisées par les armées turques et les habitants, semées aussi de grottes souterraines et de précipices, ces régions rocheuses appartiennent au bassin de l'Adriatique. Après les pluies d'automne et du printemps, plus abondantes que dans tout autre pays d'Europe viennent ensuite les sécheresses estivales et les vents, rendant insupportables les conditions de vie qui, sans cela, sont déjà misérables. Seul l'amour de la liberté pouvait amener un peuple à s'y établir.

La nature rude du pays a donné lieu à un conte populaire sur la manière dont il fut créé. Le vieux Dieu parcourait l'univers avec un énorme sac rempli de pierres dont il jetait, çà et là, une poignée ou deux, créant ainsi les montagnes. Arrivé au-dessus du Monténégro, son sac creva, et toutes les pierres en tombant se déversèrent sur ce coin de la terre et formèrent les roches monténégrines, des roches telles qu'on n'en voit nulle part ailleurs. C'est en regardant de la mer vers ces rochers toujours enveloppés de nuages noirs et contournés par les sombres bois de pins, autrefois célèbres, de l'ancienne Zéta, que les marins italiens ont donné, selon la tradition, à ces régions leur nom actuel de Monténégro (Montagne noire).

La partie orientale du pays, la région des Montagnes, appartient en majeure partie au bassin du Danube. Reposant sur une couche siliceuse, son terrain présente une végétation beaucoup plus florissante; avec ses vastes forêts et ses grandes prairies, elle offre des conditions de vie plus faciles. Le climat de cette région diffère également de celui de la partie occidentale. Les pluies y tombent d'une manière plus normale; les bois de pins couvrent même les sommets des montagnes. L'eau y coule en abondance, comme dans les régions montagneuses de la Serbie méridionale.

Sur le littoral monténégrin, étroit et court, l'été est sec et ardent; l'hiver y serait très doux si les tempêtes, descendant des hautes montagnes, ne s'abattaient à cette saison sur la région.

Les villes principales du pays, Podgoritza et Nikchitch, se trouvent sur la ligne qui, suivant la vallée de la Zéta, va dans la direction de l'Herzégovine. Quant à la ville de Cettigné, elle n'a pu subsister, dans la région pauvre, loin des grandes voies de communication, que grâce à son rôle politique en tant que centre officiel du petit Etat serbe.

Tel qu'il était avant l'extension de ses frontières en 1912, le Monténégro présentait très peu de terrain plat. La plaine la plus importante était celle qui se trouve au nord de Scutari et qui remonte la vallée de la Zéta. Mais cette plaine est, dans sa partie inférieure, marécageuse, et couverte de dépôts sablonneux provenant des torrents impétueux qui descendent de la partie montagneuse. La partie la plus riche et la plus appropriée à la culture du pays est la région de la Métohia, incorporée au Monténégro à la suite de la guerre de 1912. Vaste et enfermée de tous côtés par les hautes montagnes, cette région est si fertile et si prospère que la production de son sol était renommée même à l'époque la plus troublée du régime turc. Les villes de Petch et de Giakovitza sont les centres de cette contrée florissante. Malheureusement, les obstacles dus à la configuration du sol et provenant du manque de communication ont empêché que sa richesse contribuât à soulager la misère du pays.

Le Monténégro et les Monténégrins

C'est sur ce sol que s'étend le petit royaume serbe de Monténégro dont la superficie totale, avant les guerres balkaniques, n'était que 9.080 kilomètres carrés. Avec les agrandissements obtenus à la suite de ces guerres, son territoire s'était accrû de 6.000 kilomètres carrés, et sa population avait augmenté en proportion, de sorte que, sur une superficie de 15.080 kilomètres carrés, il avait, à la veille de la guerre actuelle, 350.000 habitants. Jusqu'en 1912, il ne comptait que 200.000 habitants, c'est-à-dire 22 personnes par kilomètre carré et il était, par conséquent, bien moins peuplé que la Serbie avec laquelle il s'efforça toujours d'entretenir des rapports directs, pour des raisons d'ordre national et économique. C'est à cette époque (1912) que les Monténégrins sont entrés en possession d'une partie de l'ancienne Rachka et de Métohia, en unissant leurs frontières à celles de la Serbie et en approchant de la sorte encore davantage de la réalisation du rêve caressé pendant des siècles. Le premier pas vers une union complète était fait.

Un trait caractéristique est à noter au sujet de la population monténégrine. Bien qu'elles soient établies, dans leur ensemble, sur une superficie équivalant à peine à celle d'un département français, les tribus monténégrines diffèrent beaucoup entre elles ; la différence qui existe même entre les habitants des régions limitrophes est si frappante, qu'on en est saisi d'étonnement. Et cependant, elle est bien compréhensible si l'on se rend compte du degré d'ancienneté des différentes peuplades et si l'on examine de près l'origine des habitants du Monténégro. Refuge de plusieurs tribus serbes, de tous ceux qui n'avaient pas voulu supporter le joug musulman, et qui, en transplantant les vieilles qualités nationales et les anciens usages dans leur nouvelle demeure, avaient pu conserver, grâce à leur isolement presque complet du monde extérieur, le caractère propre de leur race, le Monténégro a gardé jusqu'à nos jours toutes les marques distinctives par lesquelles les tribus qui l'habitent diffèrent entre elles. Ceci prouve que ces groupements, en gardant les anciens idéals, en sont restés les gardiens et défenseurs vigilants, dans l'attente du jour de la délivrance générale.

De là, l'indépendance que les différentes tribus ont conservée les unes vis-à-vis des autres, de là aussi la résistance opiniâtre à la centralisation politique d'un état autocratique. *L'idéal auquel aspiraient ces tribus montagnardes se trouvait toujours en dehors de leurs montagnes. Le sens propre de toutes leurs luttes, l'idée directrice de toutes les générations pourraient se traduire par cette pensée unique : s'imposer tous les sacrifices pour rétablir l'ancien état national indépendant détruit par l'invasion turque.* Toutes les fois qu'il leur fut permis de nourrir l'espoir — bien qu'incertain — d'arriver à la réalisation de cet idéal, les tribus monténégrines se sont montrées toujours prêtes à confondre leur petite communauté avec l'ensemble de l'organisme de la nation. C'est de cette façon qu'il faut entendre l'aventure d'Etienne le Petit : l'espoir qu'il allait rétablir l'empire de Douchan le Puissant nous fait comprendre comment les tribus monténégrines avaient pu le suivre, en se séparant de l'évêque, leur chef spirituel.

L'Etat serbe

Quand, en montant de Cattaro, on arrive en vue de la petite plaine de Cettigné, une vision merveilleuse fixe les yeux du voyageur. Tout autour, à perte de vue, c'est presque le désert, rocailleux, sans habitations, sans arbres, pour ainsi dire sans vie. Et cependant, ce désert aussi présente un panorama extraordinaire. A droite se dresse le mont Lovtchen, lieu de sépulture de Pierre II, un des plus grands poètes et philosophes serbes en même temps que l'apôtre de la liberté nationale et de l'union. Le dernier évêque du Monténégro qui a voulu reposer en paix sur la montagne éternellement libre, était loin de se douter que juste en ce lieu, un jour, les Autrichiens souilleraient son tombeau et en sortiraient ses dépouilles. A l'est et au sud-est s'étendent les chaînes des Montagnes, tandis que là-bas, tout-à-fait au pied des monts, brille de reflets argentés le lac de Scutari et plus loin apparaît sa plaine fertile, frangée par les sommets neigeux des Alpes albanaises.

C'est là, sur cette plaine autour du lac de Scutari, que s'était formé le premier Etat serbe. Quittant leur ancienne patrie, les peuples Yougoslaves ont, dans le courant du septième siècle de notre ère, pris possession de la plus grande partie de l'ouest des Balkans. La Dalmatie a déjà été, au commencement du xe siècle, complètement slave, à l'exception de quelques villes, ainsi que la région entre la Dalmatie et le fleuve Drin. Loin du théâtre des invasions bulgares qui ont retardé la formation d'un état, parmi les tribus serbes fixées à l'est, les autres tribus serbes établies de ce côté, à l'ouest, avaient pu beaucoup plus facilement refouler, sous leur pression, les autorités byzantines et prendre finalement possession de la plaine entourant le lac de Scutari et des vallées environnant l'embouchure de la Boyana et du Drin. Dans la seconde moitié du onzième siècle les rois serbes résidaient déjà à Scutari, après avoir réalisé la première importante union des tribus serbes et fondé un Etat dans l'ancienne province romaine de Dioclétien, nommée plus tard Zéta et finalement Monténégro.

La puissance de ce petit Etat n'était cependant pas assez grande pour lui permettre d'exister sans le concours des autres parties de la nation. Sa position géographique ne lui permettait pas non plus de devenir le centre d'un plus grand Etat serbe. Les tribus serbes habitant les régions centrales des Balkans étaient parvenues, entre temps, à refouler l'invasion des Bulgares et à étendre leur domination vers le sud de la péninsule, en transférant le centre de la vie politique de la nation plus à l'intérieur, dans la province de Rachka, qui a pris plus tard le nom de Serbie. Déjà, au commencement du xiie siècle, le grand joupan de Rachka délivre de la domination byzantine tout le littoral, de l'embouchure du Drin jusqu'au delà de Cattaro, en l'incorporant au nouvel Etat serbe de l'ouest. Les contrées du Monténégro actuel deviennent alors partie intégrante de la Serbie jusqu'à la fin de l'empire serbe. Il était, pendant ce temps, dans l'Etat serbe, ce que le Dauphiné, par exemple, était à la France ou le pays de Galles par rapport à l'Etat de la Grande-Bretagne : l'apanage et la résidence du prince héritier et, souvent aussi, des veuves de rois serbes.

L'invasion turque et l'état serbe de Zéta

Lorsque, après la mort de l'empereur serbe Douchan, le démembrement de l'empire se produisit, le gouverneur de la Zéta se proclame prince indépendant (1371), à l'exemple des autres seigneurs féodaux. Mais la dynastie qu'il avait fondée ne devait pas régner plus de 75 ans. A l'époque où cette dynastie s'éteint, la province retombe de nouveau sous la domination du souverain serbe. Cependant les tendances séparatistes n'avaient point cessé d'exister. Une autre famille, celle des Tsernoyévitch, commence alors à prendre une certaine importance et finalement s'empare du pouvoir. Malgré tout l'unité morale de la Zéta avec la Serbie en face de l'ennemi commun se maintient jusqu'à la chute définitive de l'empire serbe. Protégées par la configuration même du pays situé loin des chemins de conquête, et se retirant toujours davantage de la plaine vers les montagnes inaccessibles, les tribus serbes réfugiées au Monténégro actuel ne partagent pas, pour un certain temps, le sort des autres parties de l'empire. C'est à partir de cette époque qu'elles commencent à vivre d'une façon particulière, offrant un asile aux autres réfugiés des pays envahis.

Sous le règne des Tsernoyévitch s'ouvre aussi dans

ces contrées l'époque des luttes contre les Turcs, luttes qui ne devaient s'interrompre que provisoirement, alors que les Turcs étaient occupés à faire la guerre ailleurs, pour reprendre avec plus d'énergie encore. Au cours de cette nouvelle lutte inégale, les Tsernoyévitch durent abandonner leur capitale de Scutari pour la transférer à Jabliak qu'ils furent également contraints de quitter pour se retirer plus haut dans les montagnes, au milieu des rochers, défenses naturelles plus avantageuses. C'est là que le prince Ivan Tsernoyévitch bâtit le monastère de Cettigné, qui, en tant que symbole de l'indépendance serbe, devient le but permanent des assauts turcs. Les Turcs arrivent, au cours des siècles, à se frayer plusieurs fois un chemin jusqu'au monastère et parviennent à le démolir; mais les mains pieuses des guerriers serbes le rebâtissent toujours de nouveau pour y rallumer le feu sacré de la liberté.

Dans la vie difficile qui commença alors, il y eut chez plusieurs à certaines époques, des moments de désespoir, mais jamais il n'envahit l'âme du peuple qui resta toujours sur la brèche. Il s'empare du dernier des Tsernoyévitch, Georges V, marié à une Vénitienne qui n'avait jamais pu s'habituer à la vie rude de ces montagnards. Sous l'influence de sa femme, George V, élevé lui-même à Venise et séduit par la douceur de la civilisation, convoque une assemblée des chefs du pays pour prendre congé du peuple et renoncer à sa couronne. Resté seul, le peuple se rassemble alors autour de l'évêque de Cettigné. Dans les conditions où se trouvait le pays, le représentant de l'Eglise était la seule personne capable de veiller à la paix intérieure, nécessaire pour résister aux Turcs.

Depuis cette époque, et jusqu'au Congrès de Berlin, à travers les siècles, le Monténégro est resté le camp retranché de la nation serbe. Toutes ses aspirations et tous ses efforts ne visent qu'à la sauvegarde de la liberté personnelle, politique et religieuse, liberté qui devait lui fournir la force nécessaire pour la mission nationale en posant les fondements de la délivrance et de l'union de toute la nation.

La vie patriarcale au Monténégro

C'est ainsi qu'en 1516, commence une ère nouvelle, celle des évêques, qui a duré plus de trois siècles. L'ancien nom de Zéta fut remplacé par celui de Monténégro. N'ayant pas de gouvernement civil ni militaire, le peuple était obligé, en raison des dangers auxquels il était exposé, de chercher dans la solidarité patriarcale des tribus l'appui que l'Etat ne pouvait lui prêter. Il est revenu ainsi à la vie des organisations patriarcales, la confrérie et les tribus, dont l'importance, depuis cette époque, reste prédominante au Monténégro à travers les siècles. Sur ces organisations repose également celle de l'armée, de la justice et de la vie publique en général. Les chefs de tribus se réunissaient autour de l'évêque comme autour du gardien de la religion contre l'Islam. L'évêque ne disposait pas d'un pouvoir réel, et n'était pas souverain au sens propre du mot. Cependant son prestige moral ne fait pas de doute dans le camp chrétien qu'était le Monténégro à cette époque, et le monde extérieur s'adressait à lui comme au souverain du pays, bien que réellement il ne le fût pas.

Les évêques se recrutaient dans les différentes tribus; jusqu'à Danilo, premier évêque issu de la famille des Pétrovitch, on en avait compté quatorze. Mais la dignité d'évêque n'était pas devenue héréditaire, même après cet évêque sage et patriote. Dans l'avenir, ils furent également élus par le peuple; c'est ainsi que le dernier d'entre eux, l'évêque Pierre II, avait été choisi par voie d'élection en 1831. Bien que presque tous les évêques qui succédèrent à l'évêque Danilo appartinssent à la famille Pétrovitch-Njegoch, fait dû plutôt à cette circonstance que les autres familles ne se disputaient pas cet honneur, et à l'usage adopté par les évêques, dans les derniers temps, de désigner eux-mêmes de leur vivant leur successeur, mais toujours avec le consentement des chefs du peuple. L'ordre de succession des évêques appartenant à la famille des Pétrovitch a été interrompu à deux reprises : une première fois sous le règne du faux empereur Etienne le Petit, et la seconde, à l'époque de l'évêque Arséniyé Plamenatz qui eut Pierre Ier pour successeur.

Par suite des luttes incessantes contre les Turcs, dont elles contrecarraient la tendance à s'établir sur le littoral adriatique, les tribus monténégrines ont été l'objet d'une attention particulière de la part des cours européennes. Ce fut en vain que les Turcs s'efforcèrent de se rendre maîtres du mont Lovtchen qui domine les Bouches de Cattaro et d'établir de cette façon une communication directe entre les possessions turques de l'Albanie et celles de la Dalmatie et de l'Herzégovine. Privée de cette communication, la Turquie était obligée de se servir de la voie de terre, particulièrement de celle qui va de Scutari, en suivant la vallée de la Zéta, à la plaine de Nikchitch, et de là, à travers le défilé de Douga, à Gatsko Polié, Mostar et en Dalmatie. Mais cette voie était également surveillée très étroitement par les tribus monténégrines. Le territoire par lequel elle passe a été le théâtre de luttes glorieuses.

En raison de ce rôle, les Monténégrins se trouvaient être les alliés naturels des Etats chrétiens de l'Occident, et, en premier lieu, de Venise. Cette ville, d'autre part, avait intérêt à agir de telle sorte que le Monténégro ne dominât le littoral. Une alliance entre les deux pays ne pouvait être que provisoire. Il avait fallu à ce petit pays chercher un ami et allié dont les intérêts ne seraient pas contraires aux siens. Cet allié, il le trouva en Russie, qui, à cette époque, sous Pierre III, commençait à gagner rapidement en puissance et à suivre avec toujours plus d'attention les événements du sud-est de l'Europe.

Les luttes contre les Turcs remplissent tout le xvii° siècle. En 1686, les Turcs parviennent à s'emparer de Cettigné, et démolissent le monastère. Dans les luttes qui suivirent, les Monténégrins ont été souvent abandonnés à leurs propres ressources, et quelquefois appuyés par la Russie, d'où une délégation était venue en 1711 à Cettigné.

Les espérances nouvelles en l'affranchissement ne tardent pas à renaître. Le Monténégro devient le point de ralliement des insurgés de tous les pays serbes. En même temps le besoin d'une organisation intérieure commence à se faire sentir dans le pays. En 1718, les tribus se sont groupées et constituées en unités territoriales plus grandes, les « nahias » (districts), dont les chefs nommés « serdars » ou « voïvodes » étaient élus par le peuple. En même temps que le représentant du pouvoir administratif, les serdars étaient, par rapport aux chefs des tribus, une sorte d'instance supérieure. La dignité de gouverneur est instituée à la même époque. Celui-ci était, par rapport aux serdars, *primus inter pares*; il avait la garde d'une moitié du sceau de l'Etat, tandis que l'autre était en la possession de l'évêque.

Cependant les luttes contre les Turcs ne discontinuent pas. Profitant des trêves avec les Russes, l'ennemi parvient deux fois jusqu'à Cettigné et en détruit de nouveau le monastère.

De la liberté vers l'absolutisme

La défaite de Mahmoud pacha, en 1796, dans laquelle celui-ci avait trouvé la mort, mit fin à la dernière tentative turque de s'emparer du Monténégro. Trois ans plus tard, la Porte consent à procéder à la délimitation des frontières. Les combats que les Monténégrins n'avaient cessé de soutenir contre les Turcs, au cours du xixe siècle, ne poursuivaient plus désormais que l'affranchissement de ceux qui subissaient encore l'esclavage. En s'acquittant de cette mission, le Monténégro procédait en même temps à son organisation intérieure. Les chefs religieux, les évêques, s'attribuent de plus en plus le pouvoir politique. En 1803, l'évêque Pierre Ier convoque une assemblée nationale qui approuve le premier code destiné à tout le pays et à toutes les tribus. En vertu de ce code, un impôt pour les besoins de l'Etat a été institué, ainsi qu'une cour de justice dont les membres devaient être élus par le peuple. Cependant, à cette époque encore, le peuple apparaît comme le seul souverain du pays. Ce sont les chefs de tribus qui ont donné une sanction au code; son texte ne renferme, dans sa rédaction, aucune trace de l'autorité de l'évêque, ce qui prouve que l'évêque Pierre Ier n'était pas non plus un souverain au sens propre du mot.

Les subsides fournis par la Russie, en majeure partie par l'intermédiaire des évêques, permettaient à ceux-ci de relever leur prestige dans le pays. La Russie leur prêtait son appui à cet effet, désirant voir le pays gagner en puissance. Cette tendance des évêques à s'approprier le pouvoir politique n'avait pas manqué de produire un antagonisme entre ceux-ci et les chefs des tribus, antagonisme qui ne devait prendre fin qu'après 1831, sous l'évêque Pierre II, par l'abolition de la charge du gouverneur et l'expulsion du Monténégro de sa famille.

En s'emparant du pouvoir politique, cet évêque, grand poète et apôtre de l'union nationale, organise le Sénat et institue un corps de garde, — les périaniks — en vue de la protection de sa personne et de la perception de l'impôt. Dans son livre sur les peuples balkaniques, écrit en 1838, le géographe français Ami Boué, après avoir visité le Monténégro, se prononce en ces termes au sujet de son régime politique : « Le Monténégro est une République fédérative. » Mais cette république avait déjà l'évêque comme président. Pierre II a été le premier et le dernier prince-évêque au sens propre du mot.

C'est sous Danilo Ier que le changement complet de régime politique s'est opéré. N'ayant pas voulu se faire élire évêque, le successeur de Pierre II s'était proclamé prince, grâce à l'appui de la Russie et de l'Autriche. Il a été de la sorte le vrai fondateur de la dynastie monténégrine, les évêques ayant toujours été élus par le peuple. Ce prince employa tous ses efforts à établir un régime absolutiste dans le pays. Cependant le code dont il a doté le Monténégro, en 1855, fait voir que le prince ne l'avait sanctionné qu'après entente avec les chefs du pays.

Les dernières traces d'une participation du peuple au pouvoir ont été effacées par le successeur de Danilo Ier, Nicolas Ier. Les guerres contre les Turcs ont facilité cette œuvre du souverain qui n'avait abandonné une partie du pouvoir au peuple qu'après quarante-cinq ans de règne et sous forme d'une constitution d'ailleurs peu respectée.

La situation économique

Durant les siècles mouvementés de son histoire, le Monténégro s'occupa principalement d'élevage. Ni la nature du pays ni la vie guerrière elle-même ne lui permettaient de s'attacher au sol et de s'adonner à sa culture. Vu les changements incessants dont la guerre permanente contre les Turcs était la cause, le bétail était le seul bien qu'on pouvait facilement emmener avec soi, lorsqu'il fallait se retirer provisoirement devant l'ennemi. Dans ces conditions d'existence très dures, où le fort seul pouvait répondre de sa vie, le courage personnel devait forcément avoir une importance particulière. La glorification de ce courage est l'objet de la plupart de nos poésies populaires. Penché sur le sillon dans la plaine, l'agriculteur n'a pas la liberté nécessaire à la vie guerrière; il ne peut circuler librement dans la montagne, être toujours aux aguets et accomplir des exploits guerriers. Par cela même, son métier était considéré comme inférieur. Le véritable fils du pays, le guerrier véritable, ne pouvait être, de l'avis des Monténégrins, que le berger. Du reste, le peuple vivait modestement, ainsi que ses chefs; les charges imposées par l'Etat étaient minimes; aux moments de disette et de famine, la Russie envoyait des secours. On vivait au jour le jour, mais avec une ferme confiance dans l'avenir.

Le sentiment général d'être, au moins pour un certain temps, à l'abri des calamités de la guerre, l'agrandissement territorial par l'annexion de régions plus fertiles que celles dont le Monténégro était en possession jusqu'alors, et particulièrement les besoins nouveaux et les nouvelles charges imposées par l'Etat, conduisirent le peuple, après le Congrès de Berlin, à s'occuper plus activement d'agriculture. Epuisé par quatre années de guerre, dont il avait comme toujours supporté lui-même les charges, le Monténégrin devait penser à améliorer sa situation économique. C'est ainsi que fut créé un mouvement dans ce sens; mais cela ne dura malheureusement qu'une dizaine d'années, c'est-à-dire tant que la culture primitive du sol et l'initiative privée avaient suffi à l'entretenir. La quantité de la terre cultivée, dans la deuxième décade, est restée stationnaire pour diminuer aussitôt après, à cause de l'émigration de la main-d'œuvre à l'étranger.

Jusqu'à sa catastrophe, durant l'hiver de 1915, le Monténégro était le seul pays d'Europe ne possédant pas une seule fabrique (à l'exception de deux brasseries et d'une manufacture de tabac). Presque la moitié de la main-d'œuvre masculine s'était déjà vue obligée d'aller demander du travail dans les usines étrangères pour pouvoir se nourrir.

Les grandes étapes de l'évolution économique — le passage de l'élevage du bétail à la culture du sol, et de la culture du sol à l'exercice des métiers, du commerce et de l'industrie — ont été accomplies au Monténégro en trois décades. Avant même que sa patrie ait commencé à instituer une industrie quelconque, le Monténégrin est devenu ouvrier, mais un ouvrier sans qualification, homme de peine travaillant à l'ouvrage le plus vil et le plus dur, celui qui exige une grande force physique. Avant même que le Monténégro se soit livré aux premiers essais d'une économie rationnelle, sa population était tombée à l'état de prolétariat industriel et rural que la guerre européenne surprit dans une situation désespérée.

Le Monténégro n'est pas seulement dépourvu de toute industrie, même à l'état embryonnaire : on y voit bien peu d'ouvriers exerçant des métiers, ceux-ci ainsi que le commerce y sont depuis longtemps aux mains des musulmans et des Albanais. Le Monténégrin a été élevé dans cette idée qu'il ne doit manier que les armes, et spécialement le fusil et le poignard, dont l'usage réclame la proximité des combattants. Ce n'est que dernièrement que les Serbes venus de l'Herzégovine et de la Dalmatie, ainsi que les Monténégrins eux-mêmes, ont commencé à devenir à leur tour des artisans.

Les ressources principales du pays

Par conséquent, les ressources principales du pays consistent, au point de vue économique, dans l'agriculture et l'élevage du bétail.

Sur 9.080 kilomètres carrés de superficie possédés par le Monténégro à la veille de la guerre balkanique, la onzième partie seulement avait été cultivée; le reste ne représentait que des pâturages et des monts dénudés, des rochers ou des plaines marécageuses. (En Serbie, les trois quarts de la superficie totale sont cultivables.) Pour ce qui touche les différentes catégories de la terre cultivée au Monténégro, celles-ci sont réparties ainsi : 3o.ooo hectares de sol arable, 45.ooo hectares de prairies et 3.ooo hectares de vergers, vignes, jardins et potagers. En raison de cet état de choses, le revenu annuel moyen d'une famille ne dépasse pas 200 francs pour les produits provenant de la culture du sol; mais, dans les années de mauvaise récolte, — et celles-là sont, au Monténégro, bien plus fréquentes que les années productives, — ce revenu atteint à peine 15o francs. La quantité de blé produite par le pays ne suffit guère à nourrir la moitié de la population; le Monténégro était obligé d'importer tous les ans environ 5o.ooo quintaux de blé et de farine. A partir de 1912, une partie de ce blé a pu être recueillie dans la Métohia; mais, en raison des difficultés de transport, ce blé revenait bien plus cher que celui importé de Trieste par voie de mer.

La culture des fruits est également peu prospère dans le vieux Monténégro. Les fruits sont en majeure partie importés de régions acquises après la guerre de 1912. Le sol est, dans certains endroits, pourtant approprié suffisamment à la culture des oliviers et de la vigne; mais la production est, sous ce rapport également, très restreinte et la culture primitive. La façon dont s'opère l'exploitation du tabac, de qualité excellente, a contribué beaucoup à faire tomber sa production, notamment à partir du moment où le monopole en a été cédé à une Compagnie privée.

L'élevage du bétail est, avec l'agriculture, la branche la plus importante de la production ainsi que l'article d'exportation le plus considérable qui, d'après les données officielles fournies par la statistique en 1910, représente les deux tiers de l'exportation totale en une année. Mais cette importance de l'élevage n'avait nullement contribué à être l'objet d'une attention particulière, de sorte que non seulement on n'est pas arrivé à réaliser une amélioration de la race, mais ce genre de production a beaucoup diminué, à la suite de l'émigration de la main-d'œuvre à l'étranger. Finalement, la guerre actuelle l'a presque totalement supprimé. Les Autrichiens ont réquisitionné et exporté du Monténégro tout le bétail qu'ils ont pu trouver; le reste a été ou devra être abattu par la population pour sa consommation, augmentée par suite du manque de pain. Le pays, n'ayant pas d'usine pour la manufacture des laines, les paysans arrivaient bien à gagner quelque argent avec la laine vendue comme matière première; mais ils payaient cinq fois plus la laine manufacturée, importée de l'étranger. L'industrie des cuirs est dans le même cas. Toutefois l'absence de fabriques ne doit pas être attribuée uniquement à la mauvaise organisation du pays, où toute initiative privée est contrariée, mais aussi à son exiguité territoriale, ainsi qu'au manque de communications et à la pauvreté de la population. Bien qu'il soit, en somme, un pays agricole, le Monténégro ne possédait pas un département d'Etat pour l'agriculture et le commerce, jusqu'en 1902. Le ministère de l'agriculture et de l'industrie n'existait pas encore à la veille de cette guerre.

Malgré les riches forêts, pouvant être exploitées en grand, que le Monténégro possède dans sa partie orientale, il n'y avait qu'une seule scierie dans tout le pays jusqu'en 1910. En raison du manque de capital et de l'éloignement des voies de communication, le bois ne servait que pour la consommation de la population, dont les besoins, sous ce rapport, étaient largement dépassés. Il en est résulté un gaspillage déraisonné. Ce n'est que dans les derniers temps, alors que des sociétés industrielles et financières étrangères avaient commencé à s'y intéresser, que les forêts ont gagné de valeur. Les régions acquises en 1912 (environ 6.000 kilomètres carrés), plus riches, sous tous les rapports, que l'ancien Monténégro, sont également très boisées et on ne saurait tirer parti de leurs forêts qu'en engageant de grands capitaux et en établissant des lignes de communication.

Une autre source de revenus, qui n'est pas exploitée ou ne l'est que d'une manière toute primitive, c'est la pêche du lac de Scutari. Ce lac, un des plus grands de l'Europe, compte parmi les plus poissonneux. La pêche qu'on y pratique est de beaucoup plus importante que celle qui se fait le long de la côte de l'Adriatique ou dans les rivières de l'intérieur du pays, bien que le Monténégro ne possédât même pas la moitié du lac. La pêche la plus abondante se fait près de Vir Bazar et de Scutari. Les Autrichiens qui, dès l'occupation du pays, ont déployé une grande activité afin de dépouiller de leur mieux la population pauvre du Monténégro et d'en retirer, non seulement les vivres, mais aussi les matières nécessaires à l'application de l'industrie et du commerce, ont mis la main également sur cette ressource du pays et essaient d'en tirer un rendement remarquable. Ainsi, ils ont installé à Riéka Tsernoyévitcha une usine pour la fabrication des conserves.

Le paupérisme et l'émigration à l'étranger

Avec les revenus minimes d'une production aussi primitive, — revenus qui suffisaient à peine aux besoins de la vie quotidienne, sans parler des charges imposées par l'Etat, — la population monténégrine, habituée à mener une vie large, ainsi que la fierté guerrière l'exige, pour pouvoir vivre, était obligée de s'imposer des dettes pour la plupart usuraires. Les conditions dans lesquelles ces dettes ont été contractées sont une des causes principales de l'état de dénuement où se trouve le pays monténégrin. C'était une sorte de dettes usuraires appelées « vadjévina », tellement onéreuses que non seulement la dette pouvait rarement être acquittée, mais que la somme d'intérêt augmentait toujours, étant

donné que le taux s'élevait souvent jusqu'à 200 p. 100.
« Vadjévina » était une opération de crédit d'un usage
général avant l'institution des établissements de crédit.
L'Etat lui-même avait recours à ces derniers et donnait
aux paysans le blé contre l'engagement de « Vadjévina » à un taux de 50 p. 100. Les établissements de
crédit, dont le premier date de 1901, n'ont apporté
qu'un faible soulagement, car leurs capitaux n'étaient
pas suffisamment importants pour tirer le paysan monténégrin de l'état financier et économique désespéré où
il se trouvait déjà. La vente des biens était la conséquence de ces dettes onéreuses, et l'absence de toutes
ressources a eu comme suite l'émigration à l'étranger,
et particulièrement en Amérique. Ceux qui n'avaient
pas la force de travailler étaient les seuls qui restassent
au pays.

L'argent envoyé d'Amérique par ces ouvriers émigrés
fut, pendant la période de ces dix dernières années,
une des plus importantes sommes du bilan d'importation et d'exportation monténégrin. Car les sommes
gagnées en Amérique ne servaient pas seulement à
l'entretien des ouvriers eux-mêmes, mais aussi à sub-
venir aux besoins de leurs parents restés au pays. Pour
la période allant de 1907 jusqu'aux guerres balkaniques
de 1912, le chiffre des sommes importées de la sorte
atteignait près de 3 millions de francs par an (c'est-à-
dire qu'il dépassait presque celui de l'exportation totale
des produits du pays).

Il est à noter que, jusqu'en 1878, le nombre des
Monténégrins travaillant à l'étranger ne dépassait pas
quelques centaines. D'après des données authentiques,
il y avait déjà en Amérique, en 1907, 15.000 Monténégrins travaillant dans les fabriques, les usines et les
chemins de fer. Depuis cette époque, le nombre des
émigrés a augmenté constamment, de sorte qu'à la
veille de la guerre balkanique leur nombre à l'étranger
se montait à 20.000, ce qui fait un tiers de la main-
d'œuvre totale ou la moitié de la main-d'œuvre de qua-

lité. Pour qui n'est pas bien au courant des affaires
monténégrines, une telle émigration pourrait présenter
les apparences d'une épidémie; mais la vérité est tout
autre. C'est là conséquence non seulement de l'inferti-
lité du sol et de l'insuffisance à satisfaire les besoins,
mais également de l'incurie des gouvernants, dont le
chef voyait dans la pauvreté de la population un appui
sûr pour le régime absolutiste. Il est à remarquer que
le nombre des Monténégrins émigrés en Serbie, — où
la population avait commencé à chercher du travail
après la guerre malheureuse de 1862, — n'est pas
compris dans ces chiffres. Rien qu'en 1889, plusieurs
milliers de familles monténégrines sont passées en
Serbie. Et l'exode avait continué, d'une façon régulière,
les années suivantes, de sorte que les régions de la
Serbie limitrophes de la Turquie, avant la guerre de
1912, étaient pour la plupart peuplées de Monténégrins. On pourrait dire avec assurance qu'au cours de
ces dernières cinquante années, les Monténégrins ont
passé, en Serbie, en si grand nombre que leur chiffre
actuel varie entre le tiers et la moitié de la population
totale du Monténégro avant les guerres balkaniques.
L'émigration des Monténégrins à l'étranger a été en
quelque sorte une révolution pacifique, dirigée contre
le régime. Elle avait atteint son point culminant dans
les premières années du régime constitutionnel, c'est-à-
dire en 1906, 1907 et 1908, la constitution n'ayant été
octroyée que pour dissimuler entre autres la véritable
situation intérieure du pays.

Vers le désastre économique et financier

Les livres publiés sur le Monténégro sont, en majeure
partie, des ouvrages de circonstance. Les étrangers qui
ont visité notre pays n'ont pas poussé généralement
plus loin que Cettigné, et ils n'ont pas observé de près

la vie de notre peuplé pour pouvoir se rendre compte des causes véritables de ses malheurs. Entourés des hautes personnalités de Cettigné, se fiant à leurs informations qui, souvent, ne leur présentaient qu'un côté des choses, ces voyageurs n'étaient pas en mesure d'éclairer le monde sur la véritable situation du Monténégro. Il s'est trouvé des exceptions. Elles font honneur à la science et à l'intelligence des auteurs, mais elles sont rares.

Dans son livre : *Le Royaume de Monténégro*, rédigé à l'occasion du cinquantenaire du roi Nicolas, et qui porte les traces évidentes du soin qu'on a eu de présenter à l'auteur les affaires monténégrines à travers le prisme de la Cour, M. Verloop est cependant parvenu à saisir certaines vérités. Une des choses qui ont frappé le plus son œil d'observateur, ce sont les droits de douane élevés et la disproportion entre les importations et les exportations. A ce sujet il écrit : « De telles affaires épuiseraient tout pays, et le Monténégro, déjà bien pauvre, se ruine peu à peu et en meurt » (p. 74).

En effet, dans la période de 1905 à 1910, le Monténégro a payé à l'étranger, pour les articles importés, une somme de 37 millions et demi de francs, tandis que le montant des articles exportés du pays ne se chiffre qu'à 12 millions de francs. Autrement dit, le pays a dû payer à l'étranger un excédent de 25 millions de francs. Le déficit n'était couvert que par l'épargne envoyée d'Amérique et par les emprunts contractés, soit sous forme d'emprunts d'Etat, soit sous celle d'emprunts avec les établissements de crédit jouissant d'un crédit à l'étranger et par les subsides de la Russie.

En raison de son petit nombre d'habitants, le Monténégro n'est pas en mesure de fournir à l'étranger, à l'avenir surtout, le même contingent d'ouvriers que celui fourni dans les dix premières années de ce siècle, contingent dont les salaires ne pourvoient pas seulement à l'entretien d'un grand nombre de familles, mais servent aussi à couvrir une partie des besoins de l'Etat.

Cependant, vu que les besoins tant de l'Etat que des particuliers augmentent tous les jours, et que les moyens de production diminuent, il est évident que la disproportion entre le chiffre de l'exportation et celui de l'importation, et par conséquent la disproportion dans le budget des dépenses et des recettes, conduit au désastre et menace de la ruine la vie générale du pays.

Le système des impôts lui-même repose au Monténégro sur des bases tellement instables et inégales qu'il condamnait d'avance à la ruine une grande partie de la population et amenait inévitablement l'épuisement économique des faibles. Dans un pays dépourvu d'industrie, de commerce et de corps de métiers, et même d'agriculture tant soit peu prospère, pays vivant d'une vie économique toute primitive, les objets imposables sont rares. Par conséquent, il serait très facile d'en exposer le montant total, qui ne permet aucune illusion au sujet de la capacité financière du pays. Néanmoins, les dépenses de l'administration au Monténégro ne se réglaient pas en proportion de cette capacité. On avait voulu jouer le rôle d'un Etat avec des prétentions ne correspondant nullement avec les possibilités économiques du pays. Cet excédent de dépenses pourrait s'expliquer dans une certaine mesure, par les subsides fournis régulièrement par l'étranger, particulièrement par la Russie qui accordait au Monténégro une subvention annuelle, surtout pour l'entretien de son armée. Mais ces subsides n'étaient pas dépensés pour les besoins productifs de l'Etat, de sorte que les dépenses n'en augmentaient pas moins et qu'on ne comblait les déficits qu'avec les emprunts.

Recettes et dépenses

Les impôts indirects les plus importants au Monténégro furent, longtemps, les impôts sur les terrains et le bétail. Au sujet de l'impôt foncier, un minimum libre d'impôts n'existait pas ; même la seizième partie d'une prairie ou d'une terre demandant une journée de labour était imposable. D'autre part, les terres les plus fertiles dans la plaine payaient le même taux d'impôts que celles se trouvant dans les régions montagneuses les moins productives, de sorte que les plus grandes charges d'impôts retombaient sur les plus faibles. L'impôt sur le revenu n'a été institué qu'en 1899, et l'impôt sur le capital ne date que de quinze ans. Pendant longtemps, le poids principal des impôts fut supporté par les paysans.

En raison de l'augmentation constante des besoins de l'administration, l'Etat a été obligé de se créer des revenus nouveaux en instituant les monopoles et les contributions indirectes. Et quand le montant de ces revenus s'est montré insuffisant, les tarifs douaniers ont été élevés sur une échelle démesurée.

En 1903, les revenus des douanes se montaient à 343.680 francs ; dès l'année suivante, grâce à la mise en valeur d'un tarif nouveau, ils montent à 624.283 francs ; en 1912, ils sont de 1.180.000 francs, pour atteindre en 1913 le chiffre de 2.422.000 francs. A partir de l'année 1910, un tiers des revenus de l'Etat provient des droits de douânes. Ce fait est déjà suffisant pour démontrer l'état financier anormal du pays. Tandis qu'en Serbie les droits de douanes ne donnent que 10 et demi pour cent de revenus à l'Etat, ces mêmes droits donnent au Monténégro 25 o/o de revenus.

Pour combler les déficits causés par les dépenses improductives, on a eu recours, de temps en temps, à la conclusion des emprunts. Et, bien que ceux-ci, à défaut des garanties réelles, ne pouvaient pas être suffisants, les conditions onéreuses dans lesquelles ils ont été contractés ont augmenté encore davantage les charges du paysan monténégrin, obligé de les rembourser à bref délai. On se demande quelle serait la situation du pays si la Russie n'avait pas payé certains de ces emprunts ! L'emprunt de six millions de francs contracté en 1910 a été dépensé dans une assez importante partie pour les fêtes du cinquantenaire du roi ainsi que pour d'autres besoins qui n'étaient pas ceux du peuple.

Ce n'est qu'en 1907 que le premier budget des recettes et des dépenses publiques fut établi au Monténégro. Jusqu'à cette époque, le peuple n'avait pas même la possibilité de se rendre compte à quelles fins était dépensé l'argent qu'il donnait pour les besoins de l'Etat. Par conséquent, il pouvait d'autant moins se rendre compte de la destination des riches présents donnés par la Russie. Bien que la propriété privée du souverain fût, pour la forme, distincte de celle de l'Etat depuis 1868, pourtant il en disposait de son plein gré. Les comptes des dépenses et des recettes n'avaient que des apparences de budget même après cette date, et jusqu'à la catastrophe. Tous ces comptes cachaient des mystères, les subventions n'y figurant pas. Avec le consentement du roi, le gouvernement pouvait proroger l'exercice du budget d'une année à l'autre.

En 1912, le budget des recettes se montait à quatre millions de perpers ou francs. En y ajoutant certaines recettes non comprises, ainsi queles subsides fournis par la Russie, et les revenus du monopole du tabac, dont une société italienne assumait la direction, on arrive à un total de 6.200.000 perpers. La liste civile du roi et les apanages représentent 11 o/o de l'ensemble des dépenses; la police, 12 o/o; l'agriculture et le commerce, 1 1/2 o/o; les travaux publics, 4 o/o; l'instruction publique, 5 o/o; la justice, 4 o/o, etc.

Ces chiffres démontrent suffisamment quelle part de recettes était affectée aux besoins du peuple et à l'amélioration effective de sa vie nationale. Après les guerres balkaniques, il a fallu procéder à une réorganisation du budget pour faire face à une situation nouvelle. En effet, le pays avait environ 15.000 kilomètres carrés et 350.000 habitants.

Une partie des subsides fournis par la Russie, particulièrement celle destinée à l'entretien de l'armée, ayant été supprimée, le budget, du moins celui des dépenses, apparaissait plus conforme à la réalité.

Les dépenses y étaient prévues pour une somme de 12 millions de perpers ou francs, mais elles s'élevaient, en réalité, avec le budget du monopole du tabac et certaines dépenses subordonnées aux subventions russes, à la somme de 13 millions et demi de francs. Le budget de 1914 prévoyait un déficit d'environ 3 millions de perpers, mais, de fait, il ne devait pas être inférieur à 5 millions. En conséquence, on aurait eu un déficit de 40 o/o par rapport aux dépenses, et de 60 o/o par rapport aux revenus. Sur l'ensemble des dépenses effectives, plus d'un million de francs revenait à la Cour, autrement dit 8 o/o du budget, tandis que 5 o/o étaient attribués à l'instruction publique, 4 o/o à la justice, 2 o/o à l'agriculture, 4 o/o aux travaux publics et au commerce, et 12 o/o à la police, etc.

On voit, d'après ces chiffres, que même après l'agrandissement de son territoire, le Monténégro était dépourvu des conditions nécessaires à son développement économique.

Une telle administration de l'Etat devait évidemment conduire le pays à un désastre économique et financier. Toute une période de 34 ans de vie paisible s'était écoulée sans qu'on ait entrepris d'efficaces améliorations pour le développement économique du pays et sa prospérité. Avant et après l'octroi de la constitution, on a agi de telle sorte que le pays est resté presque à l'état d'un camp militaire et que toute prospérité, pouvant rendre les particuliers indépendants vis-à-vis des autorités, fut entravée.

Le Monténégro comparé à la Serbie

Alors qu'en Serbie les libertés politiques, ainsi que les autres conditions de développement du peuple, prenaient une plus grande extension tous les jours, le régime absolutiste, quoique revêtant, en ces derniers temps, une forme constitutionnelle, devenait insupportable au Monténégro, empêchant toute initiative privée, épuisant la force du peuple et conduisant le pays à la ruine économique. Les conséquences logiques de cet état de choses devaient être l'accroissement des dettes, l'appauvrissement des masses populaires et l'émigration à l'étranger. Alors qu'en Serbie la terre arable représente la quatrième partie de la superficie totale, le terrain cultivable, au Monténégro, ne constitue qu'une trentième partie du territoire. Pendant que la Serbie possède un tiers d'hectares de terre arable par habitant, le Monténégro n'en a qu'un septième et la terre est de moitié moins productive.

Cependant, la part de dépenses publiques retombant sur chaque habitant est presque la même dans les deux pays. L'exportation de la Serbie se chiffre à 28 francs par habitant, alors que le Monténégro n'exporte que pour 12 francs par habitant, c'est-à-dire moitié moins.

En Serbie, l'État possède à peu près la moitié du territoire, environ deux millions d'hectares; au Monténégro, les biens publics sont insignifiants et ne présentent pas de garanties pour ses emprunts.

La loi réserve au paysan, en Serbie, deux hectares et demi de terre insaisissable, 2 bœufs, 5 brebis, la maison et les outils; au Monténégro, le paysan n'a d'assuré qu'un cinquième d'hectare ainsi que la maison dont la valeur ne dépasse pas 200 francs.

Et cependant, la Serbie a 60 habitants par kilomètre carré, tandis que le Monténégro n'en compte que 22.

L'abondance du crédit agricole est assurée, en Serbie,

par de larges concessions accordées aux coopératives agricoles qui, au Monténégro, ne sont qu'en voie de transformation et ne possèdent que des avantages très restreints:

L'agrandissement territorial, survenu après les guerres balkaniques, n'a pas changé beaucoup la situation difficile de la population, et la comparaison est restée presque identique. En se substituant à la Turquie, l'Etat est devenu propriétaire. Mais pour pouvoir exploiter les richesses naturelles des régions acquises, les minerais et les forêts, ainsi que la plaine fertile de Métohia, il aurait fallu donner au peuple la liberté et la sécurité, et posséder les moyens de communications nécessaires : routes et chemins de fer. La nature du terrain et la richesse tout à fait relative des régions limitrophes rendaient nécessaire une subvention d'Etat pour ce genre d'entreprises; et l'Etat, comment aurait-il pu l'accorder, étant déjà grevé de dettes?

Le salut dans l'union

Pour rétablir la situation économique du Monténégro, des centaines de millions seraient indispensables. La guerre européenne a prévenu un désastre financier, rendu inévitable, non seulement à cause de la politique financière et de l'organisation politique du pays, mais aussi en raison de l'étendue insuffisante du territoire et de la situation géographique du royaume.

Cependant, cette guerre même a imposé au Monténégro de nouvelles charges. Elle a fini par le mettre dans une situation à laquelle il ne pouvait remédier par ses propres moyens. Car il n'a pas la force de mener une vie séparée et d'offrir à sa population au moins une partie des biens que tout état doit assurer à ses habitants. Avec les impôts plus onéreux que dans n'importe quel autre pays au monde et une force économique plus faible que jamais, avec 50 o/o de déficit annuel permanent dans son budget et une importation quatre fois plus grande que l'exportation ; sans aucune base ou garantie pour la conclusion d'un emprunt suffisant pour permettre la construction des routes et faciliter l'essor de la vie économique et l'exploitation des richesses naturelles ; sans industrie ni corps de métiers, avec une agriculture embryonnaire, le Monténégro se trouve, au point de vue économique, dans l'impossibilité de continuer à mener, en tant qu'Etat, une existence séparée. Il est vrai que, jusqu'à présent, cette indépendance n'existait pas, vu que les déficits étaient comblés par la Russie. Mais désormais il ne sera plus possible de suivre cette voie. La Russie démocratique, ni le peuple du Monténégro ne le permettraient encore.

Existe-t-il une meilleure preuve de l'impuissance économique du Monténégro que ses cent millions de dettes actuelles ?

Non seulement parce qu'un même peuple habite la Serbie et le Monténégro, mais aussi par suite de sa situation géographique, le Monténégro est obligé de chercher son salut dans une union avec les autres pays serbes, croates et slovènes, et particulièrement avec la Serbie. D'autre part, la Serbie, ainsi que notre communauté nationale future tout entière, peuvent tirer parti de la situation importante du Monténégro, en mettant davantage en valeur la puissance économique du pays par une exploitation de ses richesses naturelles et le développement de l'énergie tenace de ses habitants.

Par ce qui précède, il est évident que des raisons de politique intérieure et un absolutisme impitoyable n'ont fait que contribuer à l'affaiblissement du pays, provenant de causes profondes d'ordre économique et financier. Cependant ces causes ne peuvent pas être écartées dans un Monténégro séparé. Que le roi Nicolas organise un gouvernement des plus démocratiques et devienne le souverain le plus constitutionnel (ce qui ne paraît guère probable) et que ses fils embrassent une politique qui ne viserait que le bien du pays, — cela ne pourrait suffire à procurer au pays qu'un développement général précaire bien inférieur à celui des autres pays serbes. La lutte pour les libertés politiques au Monténégro avait pour but d'assurer au pays un libre développement, afin de créer un fond d'énergie nationale grâce auquel le peuple pourrait avec plus de force engager la lutte pour l'affranchissement général de la nation et apporter une part bien plus considérable dans la communauté future. La question dynastique n'était que secondaire. C'est la dynastie qui l'a soulevée en vue de son action, surtout dans cette guerre, en plaçant le peuple devant cette alternative : servir les intérêts et les ambitions d'une famille et aller à la ruine, ou tendre vers un avenir qui lui promet le salut.

Le peuple du Monténégro a, depuis longtemps, répondu à cette question. Il a montré, par tout ce qu'il avait fait dans l'histoire, où il aperçoit son avenir. Les aspirations des Monténégrins n'ont jamais fait de doute; elles se sont traduites par une lutte constante en faveur de la libération et de l'union de tout le peuple serbe. *Le Monténégro est issu du grand Etat serbe, et c'est dans cet Etat qu'il doit rentrer.* Poète de l'union nationale serbe et le vrai premier prince évêque du Monténégro, Pierre II chantait la résurrection de la Serbie, saluant en Karageorges, fondateur de la dynastie serbe, le héros combattant pour l'idée de l'union nationale. Le prince Danilo (1851-1860), son successeur, a déclaré être prêt, en servant la cause du peuple, à monter la garde comme une simple sentinelle devant la tente du prince de Serbie, si cela était nécessaire à l'accomplissement de l'union. Le roi actuel, lui-même, Nicolas Ier, dans les premières années de son règne, il y a cinquante ans, a conclu avec le prince Michel de Serbie un traité touchant l'union complète des deux principautés serbes, traité aux termes duquel il devait renoncer en faveur du prince Michel au trône de Monténégro.

Mais ce premier projet n'aboutit pas à des résultats

pratiques. Pour le réaliser, il fallait d'abord vaincre la Turquie et chasser ses autorités du sandjak de Novi-Bazar. D'ailleurs la politique d'union elle-même fut abandonnée après la mort du prince Michel; les tendances séparatistes et l'antagonisme dynastique remplacèrent l'esprit de concorde. Mais, malgré les divergences de cette politique néfaste, la solidarité morale n'avait pas cessé d'exister entre les deux pays serbes qui, à plusieurs reprises, — en 1876-1877, 1878, 1912 et 1913, ainsi que dans la guerre actuelle — ont conduit la guerre d'un commun accord vers l'affranchissement des frères opprimés.

Les obstacles

La faute que le roi Milan de Serbie a commise en s'appuyant sur l'Autriche a beaucoup contribué à ce que la Russie, depuis cette époque, marquât à l'égard du souverain du Monténégro une attention bien plus grande qu'auparavant. Par suite de l'affection que l'empereur Alexandre III témoignait pour le peuple du Monténégro et sa dynastie, des liens de famille s'ensuivirent, rehaussant le prestige et les prétentions de cette dynastie. Ayant pris l'habitude, par un long exercice du pouvoir arbitraire, de confondre les intérêts de sa maison avec ceux de son peuple, le prince Nicolas rattacha la question de l'union nationale serbe à la question du maintien de sa dynastie, en faveur de laquelle il désirait voir l'union s'accomplir. Lors du changement survenu dans le régime politique en Serbie et à l'avènement de la dynastie des Karageorgévitch, ces desseins furent dévoilés. Au moment où le peuple assuma en Serbie la direction des affaires de l'Etat, et lorsque la Serbie devint le centre réel de la politique nationale serbe, la dynastie monténégrine s'engagea, plus ou moins ouvertement, dans la politique qui a conduit la dynastie des Obrénovitch à la ruine, en s'appuyant sur l'Autriche-Hongrie.

Quant au peuple monténégrin, nous avons déjà dit à ce sujet que ses idées n'ont pas changé depuis des siècles. Dans la première Skoupchtina réunie après l'octroi de la constitution(1907), il a montré nettement, par la voix de ses représentants, qu'il désire que le Monténégro fasse disparaître toute trace du séparatisme dont la dynastie l'avait doté. Cette assemblée nationale avait demandé que la politique fût dirigée dans l'esprit des aspirations nationales, c'est-à-dire en vue d'une union des Serbes, et que le pays entretînt des relations de la plus franche cordialité avec la Serbie; d'autre part, le désir fut exprimé de porter le nom d'assemblée nationale serbe du Monténégro, au lieu d'assemblée nationale monténégrine. Ces manifestations nationales et d'autres du même genre amenèrent la dissolution de la Skoupchtina, des poursuites et des arrestations, ainsi qu'un grand nombre d'autres mesures réactionnaires où l'on voyait toujours apparaître les traces des agissements secrets de l'Autriche-Hongrie qui, à cet effet, expédiait à Cettigné ses agents provocateurs. Après avoir organisé les procès politiques, ces agents étaient envoyés à Agram pour agir auprès des autorités locales en vue d'obtenir la condamnation des patriotes serbes innocents.

C'est dans de telles circonstances que l'Autriche-Hongrie procéda à l'annexion de la Bosnie et de l'Herzégovine, et que le roi Ferdinand gagna son titre de roi. Deux ans après, à l'occasion de son cinquantenaire, Nicolas Ier prenait le titre de roi à son tour. Il est évident que ce titre ne devait servir qu'à rehausser l'autorité de la dynastie et augmenter la liste civile.

Bien qu'il ne prît presque aucune part à la direction des affaires de l'Etat, en dépit de la constitution, le peuple a fidèlement soutenu ses aspirations nationales. La jonction des frontières du Monténégro et de la Serbie, après la guerre de 1912, a provoqué un enthou-

siasme indescriptible dans tous les pays serbes et particulièrement au Monténégro. Le peuple n'avait qu'un
désir : l'union avec la Serbie. Un projet touchant l'union
économique, financière et diplomatique du Monténégro
avec la Serbie était issu de la Skoupchtina monténégrine elle-même. Mais la guerre européenne a mis un
terme aux pourparlers engagés entre les gouvernements des deux pays à cet effet. Pourtant le manque
de sincérité de la cour monténégrine en ce qui con-
cerne ces pourparlers était manifeste.

Un projet d'union plus complète avec la Serbie
n'avait pas été proposé à cause de l'Autriche qui a toujours cherché une occasion pour attaquer la Serbie, et
qui enfin en a trouvé le prétexte dans l'attentat de
Sérajévo, où, on le sait, la police hongroise a joué le
principal rôle.

La dynastie et le peuple

La guerre européenne a placé sous son véritable jour
le problème de l'union non seulement du Monténégro
avec la Serbie, mais de tous les Serbes, Croates et
Slovènes. N'ayant en vue que les vœux sacrés de la
nation, le Monténégro a tendu la main à la Serbie, avec
laquelle il avait d'ailleurs un traité d'alliance. Il est vrai
que dans les milieux de la Cour, on était d'avis de
suivre une attitude s'inspirant de la politique neutra-
liste du roi Constantin ; mais ce courant restait isolé.
Les pourparlers de paix, ainsi que la catastrophe lamen-
table, ne sont que la conséquence d'une politique revêtant toutes les marques d'une politique visant des buts
personnels. Vainement la Skoupchtina monténégrine, à
la veille même de la catastrophe, avait demandé qu'on
suivît l'exemple de la Serbie : les défenseurs séculaires
de la liberté du peuple serbe, victimes de machinations
ténébreuses et pris à l'improviste, ont été livrés à l'en-

nemi. Pourtant, de leur fidélité envers les alliés on a eu une preuve éclatante dans toute cette guerre, car ils ont combattu avec leur vaillance traditionnelle, malgré les privations de toutes sortes.

A l'envahissement de la Serbie a succédé la catastrophe du Monténégro, provoquée surtout par une politique personnelle. Les patriotes monténégrins nourrissaient l'espoir qu'en arrivant en France, la politique monténégrine suivrait la direction marquée par les luttes séculaires des Monténégrins. En vertu de cette conviction, les deux gouvernements successifs (MM. Radovitch et Matanovitch) ont soumis au roi des projets d'union. Mais l'opposition manifestée à l'égard de ces propositions laissait nettement voir que la politique séparatiste si néfaste n'avait pas été abandonnée. Sous différents prétextes, la dynastie, malgré les fautes commises, demande le rétablissement du Monténégro séparé.

C'est en raison de cette politique qu'a été formé le Comité monténégrin pour l'union nationale. Il a assumé en l'absence de la représentation la charge d'interpréter, devant l'opinion publique des alliés, les désirs véritables du peuple monténégrin. On a procédé également à la formation d'une organisation pour l'union nationale, à laquelle a adhéré l'élite du monde intellectuel et des ouvriers. Le comité a adopté intégralement la déclaration de Corfou, laquelle, ainsi que l'on sait, réclame l'union de tous les Yougoslaves, se trouvant sous le joug autrichien, avec la Serbie et le Monténégro. C'est pour ne pas introduire une note discordante dans l'accord complet des Yougoslaves, que la signature du représentant du roi Nicolas ne figure pas parmi les signatures de la déclaration de Corfou.

L'union Yougoslave

L'idée de notre union nationale est mûre. On ne la discute même plus en Autriche-Hongrie. Les paroles viriles des députés yougoslaves au parlement autrichien et les cris récents de Vive le roi Pierre, à Agram, en sont la preuve. Plus que toute autre partie de notre nation, le Monténégro a besoin d'une union complète avec la Serbie et les autres pays yougoslaves. Resserré d'un côté de la mer, dont il ne peut, par ses propres moyens, tirer aucun profit, le Monténégro, en tant que pays, ne peut gagner en importance qu'en faisant partie d'une communauté plus grande. Il ne peut pas, par ses propres ressources, rétablir ses forces vitales : la communauté avec le reste de la nation est seule capable de lui en fournir les moyens. L'emploi de la main d'œuvre dans le pays même mettrait fin à l'émigration à l'étranger et à la perte constante d'une force nationale considérable. Le progrès économique et politique, ouvrant des perspectives pour la prospérité des masses populaires, redresserait l'âme du Monténégrin, le tirerait de la pauvreté extrême et d'un régime politique insupportable. Il en ferait un ouvrier actif et intelligent, et un facteur important dans la nation unie.

Telles sont les nécessités qui, en dehors de raisons d'ordre moral et d'aspirations nationales bien déterminées, obligent le Monténégrin à confondre son existence avec celle de la Serbie, et non pas uniquement les actes de sa dynastie et de ses fidèles. Le roi Nicolas aurait eu beau être le souverain le plus constitutionnel du monde et n'aurait travaillé toute sa vie que pour le bien de ses sujets, que nous demanderions tout de même l'union nationale, puisque cette union seule est capable d'assurer le bonheur du peuple. *Un Monténégro séparé, après cette guerre, n'aura plus sa raison d'être. Il ne serait qu'un fief dynastique. Et de fait, il n'est revendiqué actuellement que par le roi et 'un petit nombre de gens de son entourage. A côté d'eux, l'Autriche exerce également de son côté ses moyens pour l'individualité du Monténégro.* L'historien autrichien Friedjung, dont le ministère des Affaires Etrangères de Vienne se sert pour lancer ses idées, s'exprime en ces termes dans un article publié il y a quelques semaines : « De tout temps, il a été recommandable de procéder à la séparation de pays ennemis. Vouloir unir la Serbie avec le Monténégro, ce serait vouloir prêcher contre l'esprit même de notre politique. Une absurdité pareille ne saurait se produire... » Voilà ceux qui ont intérêt à soutenir le séparatisme du Monténégro.

Pour la justice et la paix du monde

Toutes les fois que l'histoire a mis en face notre petit pays et la noble France, ils ont parlé franchement, en pleine confiance, comme il convient de parler à quiconque est brave et loyal. La diplomatie française nous a toujours prêté son appui, qui ne procédait pas du désir de soutenir des intérêts égoïstes, et la société française, où sont nées les idées de la liberté de l'homme et de la nation, pansait généreusement les souffrances de nos montagnards, combattants éternels pour la liberté individuelle et nationale. La France généreuse, mère de la liberté, a été la première, dans cette guerre, à s'occuper de la vaillante armée monténégrine, ainsi que de ceux qui avaient pu chercher un refuge dans les pays alliés. De ses bienfaits nous garderons une éternelle reconnaissance, un inoubliable souvenir.

Qu'il nous soit donc permis de déclarer en toute franchise et sincérité :

En tant que pays, le Monténégro n'a jamais été le but des efforts de ceux qui, trouvant en lui un refuge, com-

battaient pour la liberté. Son histoire héroïque n'est qu'un épisode glorieux de la lutte du peuple serbe pour sa délivrance. Son territoire n'a été qu'un refuge passager, un abri imposé. Le but réel de tous les efforts du peuple du Monténégro, ce fut l'union avec les autres parties de la grande patrie commune.

Faire rentrer ce peuple dans les frontières politiques de 1915, ce serait non seulement fouler aux pieds ses idéals séculaires, ce serait le condamner, au moment du triomphe de la liberté, à un nouvel esclavage, l'obliger à reprendre la lutte et à détruire de force, — même au prix de conflits nouveaux et de nouvelles guerres, peut-être, — les frontières élevées arbitrairement.

Même la question de l'union du Monténégro avec la Serbie n'est pas simplement, comme on est disposé à le croire, *une question serbe intérieure, c'est une question dont la solution exige la sanction des grandes puissances.* L'Autriche-Hongrie, la première, se trouverait lésée dans ses intérêts par la réalisation de notre union. Et cela pourrait faire naître de nouveaux dangers pour la paix du monde.

Cependant, il ne s'agit pas seulement maintenant de l'union de la Serbie et du Monténégro, mais de l'union de tous les Serbes, Croates et Slovènes, et la réalisation de cette union est réclamée par le droit et par la justice, ainsi que par les intérêts vitaux des alliés et la paix du monde.

Aussi longtemps qu'il y aura des esclaves en Europe, l'idée d'une paix durable ne saurait être réalisée. Laisser les Slaves sous la domination de l'Autriche-Hongrie, ce serait laisser des nations entières en esclavage. En ne reconnaissant le droit à l'union nationale qu'aux Roumains et aux Italiens de l'Autriche-Hongrie, on réduit en esclavage les Tchèques, peuple le plus civilisé de la monarchie dualiste, ainsi que les Yougoslaves, race la plus vitale et la plus endurante, qui s'était seule montrée capable, pendant des siècles, de soutenir des luttes pour la défense de l'Europe contre l'invasion ottomane, au prix des plus lourds sacrifices. *L'esclavage de ces peuples ne serait qu'un foyer d'agitation perpétuelle, d'où ne manqueraient pas de sortir un jour ou l'autre l'affranchissement et l'union de la nation.*

Tant qu'il existera en Europe un Etat tel que l'Autriche-Hongrie, les nations civilisées, et particulièrement nos alliés, et surtout la France, berceau de la justice et de la liberté, malgré les sacrifices endurés pour l'avènement d'une société humaine basée sur la justice, la morale et l'honneur, les nations civilisées, il faut le dire et redire, ne pourront réaliser leurs idéals. Car la monarchie des Habsbourg ne peut être autre chose qu'un fief dynastique, le pays vassal de l'Allemagne et la geôle des nations (1).

---

(1) Conférence donnée à l'Hôtel des Sociétés savantes, rue Serpente, Paris, le 16 janvier 1918.

TABLE DES MATIÈRES

678 — Imp. Art. "Lux", 131, boul. St-Michel. Paris.